हर दिल हिंदुस्तानी

REPUBLIC DAY

कोमल शर्मा & भावना मेहता

Copyright © Komal Sharma & Bhawna Mehta
All Rights Reserved.

ISBN 979-888569898-6

Komal Sharma

The writer's name is Komal Sharma. She is from Ambala. She started her career as a writer in 2013. She became a part of many Anthologies and also compile her own anthologies. It organizes open mic and another event. Recently she is working on her own compiles book named by Special 26th Jan. Republic Day, Katte Mithe Pal, School Life, Rask Ek Kahani,26 January, A Life Struggle, Valentine's Day, Teacher's Day, Armaan Dil Ke, Dream Life, School Life, A Life Struggle, Happy Soul, How To Deal Failure. She always keeps working on her career as a publisher and writer by making anthologies. She always tries to publish a new book on occasion. ND RK publication owner ND RK foundation. Her books are so meaningful and peaceful which are trying to give a message to our society.

Bhawna Mehta

She is presently Pursuing M.Sc.Environmental Science from GJU, Hisar. She has written two Blogs and won Blog Competition also. She is the part of 100+books till now.

क्रम-सूची

1

कुमारी गुड़िया गौतम

कुमारी गुड़िया गौतम

नामः कुमारी गुड़िया गौतम (जलगांव) महाराष्ट्र
जन्मदिन तारीख:१-८-१९९४

शिक्षा:एम ए, ए टी डी

पुरस्कार: विद्यापीठ स्तरीय विविध स्पधाओ में पुरस्कार

सम्मान: विविध संस्थाओं एवं समुह व्दारा लगभग १०० से अधिक सम्मान पत्र।

पता:१७ A, आकार पार्क जागवानी नगर औद्योगिक वसाहत जलगांव महाराष्ट्र-४२५००३

प्रकाशित रचनाएं: लगभग ५० से अधिक। (नारी, बचपन,बेटा बेटी में अंतर क्यों, बिटिया जन्नत है, नारी, इंदिरा गांधी, महात्मा गांधी, जवाहर लाल नेहरू, दीपावली, हां हम फौजी है,अवध में श्रीराम पधारे आदि अनेक कविताएं प्रकाशित है।

समाचार पत्र: इन्दौर सामाचार,दि गाम टुडे, बुमेन एक्सप्रेस, किरण दूत,हम हिन्दुस्तानी अमेरिका से, आदि अनेक पेपरों में प्रकाशित हुई है एवं विविध पत्रिकाओं में भी प्रकाशित है।

☙

ऐ है देश के सिपाही

ऐ है देश के सिपाही, देशभक्ति का जुनून है।
चाहे कितने कष्ट हो नहीं होते ये नम,
चाहे कितने संघर्ष हो कभी न टुटे।
ऐ है देश के सिपाही, दुश्मन की गोलियां आग उगले,
फिर भी ये है आगे बढ़ते,देश के नीत करते हैं बलिदान है।
ऐ है देश के सिपाही, दुश्मन के आगे कभी न झुकें।
इनको न प्यारा कोई पंथ जाति है,
इनका तो सब एक नारा है "वंदेमातरम"
ऐ है देश के सिपाही, हिन्दू मुस्लिम सिख ईसाई क्या है ये नहीं जानते।
देश की रक्षा करना अपना धर्म है मानते।
इनको चाहिए अपना देश सलामत।
ऐ है देश के सिपाही,क्या है सच्ची देशभक्ति ये है बस जानते।
देश के लिए शहीद हो जाना ये है जानते।
ऐ है देश के सिपाही, देखकर विघ्न बाधा ये घबराते नहीं है।

चुनौतियों को हमेशा अपनाते हैं।
प्रगति पंथ के राही है, कर्म देश की ढाल है।।

৩৩

देश के सैनिक हमारी शान है

देश के सैनिक ही हमारे देश की शान है,
देश के सैनिक से ही देश का अभिमान है।
इसे ही तो हमारे देश का मान सम्मान है,
देश के सैनिक ही तो सुबह की अज़ान है।
सैनिक ही तो गीता बाईबल और कुरान है,
सैनिक के कारण ही तो खुशहाल जहान है।
देश के लिए सैनिक हरदम एक रक्षक है,
दुश्मनों के लिए तो ये हरदम भक्षक है।
सैनिक से ही तो देश में शांति, अमन है,
सैनिक है इसलिए हम सब सोते चैन से है।
सैनिक करते हम सबकी रखवाली है,
हम सब मानते होली और दिवाली है।
देश की रक्षा करने में न देखता रात दिन है।
हर मौसम में निभाते अपना ये फर्ज है,
अपने लहू से चुकते भारत माता का कर्ज है।
ठंडी गर्मी बरसात बस हंसते हंसते सहता है,
देश का परचम तभी तो बड़ी शान से लहराता है।
दुश्मन के हरदम छक्के छुड़ाता है,
देश का सैनिक ही तो देश की शान ,मान है।।

2
Shivani Sharma

Shivani Sharma

She is Shivani Sharma modern writer, from Gwalior she had completed her graduation and she loves to write sad and motivational quotes. She does not write quote, write her feelings, She loves to Write painful Quotes, good singer, performer, Videomaker, etc. She worked in many anthologies, magazines, won many medals and trophies, she Wants to grow herself. She loves to live alone One day Her signature will be an autograph.

৩

आओ एक दास्तां सुनाऊं मैं तुम्हें,

उस शहीद का बलिदान याद कराऊं मैं तुम्हें,
ना देखा सर्दी को,ना देखा गर्मी को,
ना देखा धूप छांवो को,
ना देखा दिन को,ना देखा रात को,
ना देखा दोपहर को,
ना देखा परिवार को,ना देख यार को,
ना देखा अपने आपको,
ना देखा त्यौहार को,ना देखा रमजान को,
ना देखा इद के चांद को,
देखा तो बस देखा,
अपने भारत देश महान को,
खुदको सम्पर्ण कर दिया,
अपने भारत देश महान को,
जिसने लुटा दी देश के लिए
अपनी जिंदगी सारी,
आओ सुनाऊं ऐसे वीर की कहानी,
कि जब उसका शरहद से बुलावा आया होगा,
सोचो उसने कैसे खुदको संभाला होगा,
कि जब सबकी आंखों में उसने पानी देखा होगा,
और फिर भी वो मुसकाया होगा सोचो उस वक्त उसने कितना दर्द सहा होगा,
शरहद पर लड़ते-लड़ते जब वो हारा होगा, एक बार तो उसने मां को पुकारा होगा,
सोचो उस वक्त उसने खुदको कितना बेसहारा पाया होगा,
पर देश के लिए उसने इस दर्द को भी हंसकर सहा होगा,
अब लगता है कि ऐसे ही किसीने इन्हें महान नहीं कहा होगा।

3

DR KAVI KUMAR NIRMAL

DR KAVI KUMAR NIRMAL

Hindi Poet and Writer since childhood. After completing Medical Graduation (MBBS AUG. 1978) worked as a General Physician in the rural zones of Bihar, West Bengal, and Rajasthan to take care of the health of poor needy patients in the association with NGO (AMURT), Government, and Indian Red Cross Society as a Medical Officer over 40 yrs of my medical carrier.

गणतंत्र दिवस अबकी ऐसा मनाया जाये

अनाधिकृत धन संचय अपराध बन जाये।
न्युनतम् जरुरतों की आपूर्ति सुनिश्चित हो।
सभी भारतीय संभ्रात, प्रसन्न सुखमय हों।
जाति वर्ण रंग का भेद, सारा मिट जाये।
संविधान में सकारात्मक संशोधन लायें।
घर घर दीप जलता रहे बारह मास।
अवहेलितों के मनों में जागे आस।
२०२२ का गणतंत्र दिवस हो खास।
दल बदलुओं का हो जाए सत्यानाश।
हर गाँव में हो सहकारिता, आत्मनिर्भरता हो।
भारतीय संस्कृति में सभों की दृढ़ आस्था हो।
सीमाओं का ना हो कोई बंधन,
आर्यावर्त हमारी परिभाषा हो।
राष्ट्रभाषा हिंदी कार्यालयों में लागू हो।
भारत माँ के वीर सपूत सम्मानित हों।
संयुक्त परिवार, एक चुल्हा सांझा हो।
गणतंत्र दिवस अबकी ऐसा मनाया जाये।
झंडोत्तोलन कर सभी सपथ लिया जाये।
धरती पर भारतमाता का सर ऊँचा हो।
गुरुकुल परंपरा से संस्कृत की पूजा हो।

डॉ. कवि कुमार निर्मल
बेतिया (बिहार)
।।वंदे मातरम्।।

4

Kalamkaar

Kalamkaar

इनका नाम कलमकार है ये उत्तराखंड के रहनेवाले है, मगर मेरठ मे रह रहे है! इनको लिखना और पढ़ना पसंद है! इन्होने सह लेखक के रूप मे 1450+ अन्थोलॉजी मे काम किया है और 1500+ प्रमाण पत्र जीते है! ये फल से ज्यादा

कर्म मे विश्वास रखते है!

◌৹

सिपाही के लिए देश पहले होता है

सोचता नहीं कभी भी अपने बारे मे वो!
वादा जो किया भारत माँ से उसके लिए वो पहले होता है!
कठिन परिस्थिति मे भी वो आगे बढ़ता है!
क्योंकि सिपाही के लिए देश पहले होता है!
अपने घर वो जाता नहीं ना छुट्टी मांगता है!
मात्र भूमि का दायित्व जो लिया वो सबसे बड़ा होता है!
पूरी निष्ठा से सेवा मे लगा करता है देश की!
क्योंकि सिपाही के लिए देश पहले होता है!
गोली की चिंता करता नहीं ना अपनी जान की परवाह करता है कभी!
परचम जो लेहराना है देश का विश्व मे वो दिमाग़ मे होता है!
अपने बारे मे सोचता नहीं ना दुख तकलीफ के बारे मे!
सिपाही के लिए देश पहले होता है!
सच्ची और पाक उल्फत वो अपने देश से करता है!
सर पे कफन बाँधकर वो चलता है युद्ध मे!
दिमाग़ मे दुश्मन के इरादे को नास्तानाबूद करने का होता है!
सर्वनाश करता है दुश्मन को या तिरंगे मे लिपटकर वो आता है शहीद होकर!
सिपाही के लिए देश पहले होता है!

◌৹

मेरे वतम आबाद रहे तू

मै रहूँगा नहीं इस धरती पे हमेशा!
विश्व मे तेरा नाम हो तेरा और समय के अंत तक सबको याद रहे तू!
भूले ना तुझे ऐ देश मेरे तुझे कभी भी!
हमेशा मेरे वतम आबाद रहे तू!
भूले ना तुझे कभी स्वर्ण पन्नों मे नाम हो तेरा हमेशा!

संस्कृति और से सभ्यता से याद हमेशा रहे तू!
जब जुड़े मेरे देश से और खुशहाल रहे हमेशा!
मेरे वतम आबाद रहे तू!
शौर्य,वीरता दिखये और विजय रहे जिस भी स्पर्धा मे जाये देश मेरा!
सर्वोपरि स्थान मे रहे और विजय हमेशा रहे तू!
विजेता के रूप मे देखे मेरे देश को हमेशा!
मेरे वतम आबाद रहे तू!
सब मेरे देश को चाहे मेरे देश मे आने को उत्सुक हो हमेशा!
सुन्दर और अनोखा, सबसे अलग पहचान बनाता रहे तू!
बोल बाला हो मेरे देश का पूरे विश्व मे!
मेरे वतम आबाद रहे तू!

5
Ishwar Kelwa

Ishwar Kelwa

इनका नाम Ishwar Kelwa है,ये मध्यप्रदेश के मन्दसौर जिले में सुवासरा तहसील का छोटा सा गाँव है प्रतापपुरा वहाँ के रहने वाले है, इन्हें लिखने का थोड़ा सा शौक है अतः जब भी समय मिलता है ये कविता,शायरी और ग़ज़लें लिखते है।

#संविधान#

जब थी उठाई कलम भीम ने तब सबको सम अधिकार मिला,
बाबा आपकी मेहनत से भारत को संविधान मिला
हो रहे थे अत्याचार नारियों और दलितों पर
बाबा आपके विचारों से सबकों मान सम्मान मिला।

೦ఌ

#भगत सिंह# #चन्द्रशेखर आज़ाद#

वीर भगत से सीखा हमने उनके जैसा बनना हमको,
उनके विचारों से विचार जीवन में अब रखना हमको,
ना डर डर के जीना है ना ख़ौफ मौत का रखना है
वीर भगत और आज़ाद के पदचिह्नों पर चलना हमको।

6
Praveen Goutam

नव भारत के नव चेतना मे, युग निर्माण जरूरी है
तानाशाही पर विजयघोष मे लोकतंत्र जरूरी है
रंग, नस्ल का भेद रहे ना, पुलक्कीत यहा कि माटी हो
विजय घोष मे रहे, गणतंत्र, यही लोकतंत्र का नारा हो
संविधान पर करो गुमान, यही लोकतंत्र का दाता है
संप्रभुतत्व, ओर समानता, बन्धुत्व का भाईचारा है
आओ मिलकर प्रण करे गणतंत्र के महा प्रव पर
गणतंत्र का मान बड़ाये, मिलकर विश्व पटल पर
गणतंत्र के हर पद चिंहो मे, लोकतंत्र जरूरी है
लगे रोग ना तानाशाही का, यह संकल्प जरूरी है
नव भारत के नव पथ, शिष्टाचार का उद्गम हो
गणतंत्र की महा क्रांति का, विश पटल पर उदय हो
नव भारत............. युग.........................
तानाशाही पर............. लोकतंत्र.............
लेखक ✍?
प्रवीण गौतम ✍?

7
Evangeline Gnana Kiruba. J

Evangeline Gnana Kiruba. J

Eva!!
She's a girl of reality who loves to write a lot about
her thoughts in the form of poems and quotes.
An extreme extrovert with her circle.A good artist,
a creative person also a nature photographer.
DREAMING ISN'T ENOUGH, MAKING THEM HAPPEN
IN REALITY MATTERS.
So she's working on it every day to her best.
Chilling!!!

෧

SACRIFICE OF SOLDIERS

The days they spend with their families are countable with
fingers...
And they sacrifice their life being the great peace bringers...
Their love for the nation is endless.
And they struggle for the nation's wellness.
The pure meaning of sacrifice is nothing but the life of
soldiers...
Which can never be compared even with millions of dollars...
Being far away from their home...

Just to make us enjoy this freedom...
They never care for themself but for the country...
They sacrifice all they can for its victory...
Serving the nation
Out of sophistication
Love for motherland
Die with pride even at the end
The sleepless nights.
The restless days...
The harmony fewer hours.
But still with a heart filled happiness
for serving the motherland...
A Great Salute to such Great Souls!!!

8
Aditya Pitroda

Aditya Pitroda

Aditya Pitroda is 17 years old, he belongs to Gujarat. He writes poetry in Hindi and Gujarati languages. He started working in Anthology in 2021 and till now he has worked in 65+ Anthologies out of which 15 have already been released. MY SOUL IN WORDS is Aditya's 1st Solo Book as an Author. And will continue to write poetry like this in the future.

"भारत" विभिन्नता में एकता।

भारत के कोने-कोने में मिलेंगे
खास लोग और उनकी खास बात,
फिर चाहे हो एम.पी., राजस्थान,
महाराष्ट्र, या हो गुजरात।
भारत के सभी राज्य के किस्से
सुनने मिलते है दूर-दूर तक,
फिर चाहे हो गोआ, तमिलनाडु,
केरल,या हो कर्नाटक।
भारत के सभी राज्य के लोग है
बहादुर ये है सब ने माना,
फिर चाहे हो आंध्र प्रदेश,
ओडिसा,या हो तेलंगाना।
भारत के सभी राज्यों के लोगों
के अलग है विचार फिर भी है प्यार,
फिर चाहे ही छत्तीसगढ़, प.बंगाल,
झारखंड,या हो बिहार।
भारत के सभी राज्य की कला
है पूरे विश्व में मशहूर,
फिर चाहे हो अरुणाचल, असम,
मेघालय,या हो मणिपुर।
भारत के सभी राज्य के लोग अपने
दुश्मन की बजा देते है बैंड,
फिर चाहे हो त्रिपुरा, मिजोरम,
सिक्किम,या हो नागालैंड।
भारत के सभी राज्य के लोग अपने
दुश्मनों की योजना कर देते है ख़राब,
फिर चाहे हो उत्तर प्रदेश, दिल्ली,

हरियाणा,या हो पंजाब।
भारत के सभी राज्य के लोगों के
पास है शक्ति अखंड,
फिर चाहे हो हिमाचल, जम्मू,
लदाख, या हो उत्तराखंड।

9

T.Jothilakshmi

T.Jothilakshmi

T. Jothilakshmi
Jothilakshmi persuing Microbiology
She is interested to work as co-author in our anthologies she is an upcoming rising star in these works her writings are motivated and laminate the life of readers. She does nearly many anthologies

.just started her work and with her efforts, she reaches some stairs in this work.

❧

INDIAN DAY

The day starts with carrying our national flag in our hearts as it is visible to everyone. The day celebrates commonly by all Indians with a good soul and pure-hearted

Our flag sparks in the sky and in our hearts. A common festival for our Indians is these day Republic day and independence day. which resembles the law of democracy and remembrance of freedom fighters respectively.

Respect our nation till your last breath

Freedom is not worth having if it doesn't include the freedom to correct mistakes in society equally without any partiality.

10
Aayna

Aayna

इनका नाम आयना जोगी है। ये राजस्थान के अलवर की रहने वाली है। आयना बी.ए प्रथम वर्ष की छात्रा है। इन्हें डायरी लिखने के साथ-साथ पढ़ने का भी बहुत

शौक है। इन्होंने अपनी प्रेरणादायक शायरियां अपने पिताजी से प्रेरित होकर लिखी है। ये महादेव की भक्त हैं। इन्होंने कई संकलन किताबो में भी अपना लेखन दिया है।

~

शहीद भगत सिंह

स्वतंत्र भारत के स्वप्नकार
शहीद भगत सिंह नाम जिनका
आजादी के लिए किया जीवन समर्पण
शहीद वो ऐसे क्रांतिकारी थे
जो लड़े आखरी सांस तक
वतन की हिफाजत के लिए
त्याग जिन्होंने परिवार का किया
शहीद वो ऐसे क्रांतिकारी थे
भारत मां की रक्षा के लिए
जीवन कर दिया कुर्बान
वतन के लिए जिंदगी कर दी बलिदान
शहीद वो ऐसे क्रांतिकारी थे
संकोच नहीं था जिनको
परवाह नहीं थी जान की
देशप्रेमी हिंदुस्तान के स्वतंत्रता सेनानी
शहीद वो ऐसे क्रांतिकारी थे !!

~

वीर सिपाही

जिंदगी कुर्बान कर देते हैं देश पर
मेरे देश के वीर सिपाही गर्व से
ना रखते हैं एहसान वतन का वो
आखरी सांस तक वफादारी जिनकी फर्ज से
परिवार की परवाह कहां उन्हें
दोस्ती करते हैं जो कफ़न से
परवाह नहीं करते जान की
वादा है उनका वतन से
ख्वाहिशें दफना देते हैं कहीं

दिल के जज़्बातों की फिक्र नहीं उन्हें
लक्ष्य वतन पर कुर्बान होना है
चाहत बस इतनी सी होती है
ठहर कर सोचते भी नहीं
अपनी जिंदगी के बारे में
ख्वाहिश तो बस उनकी
वतन पर मरने की होती है !!

11
Anand Mangwana

Anand Mangwana

He Belongs to Karahans, Panipat He is a writer His dream is to be the best model of India He will try his best to achieve his goal.

बांध कफ़न जिस दिन हम
मौत का तांडव दिखायेंगे।
थर- थर कांपेगा सारा जहां
और वंदे मातरम् के नारे
लगायेंगे....
लाहौर में भी देखना झंडा
हिन्दुस्तान का लहरायेगा।
संभल कर रहना ए दुश्मनों
जिस दिन महाकाल सा रूप
डरा जायेगा।।
कोई भी बचेगा नहीं
सब राख हो जायेगा।
जिस दिन हिन्दुस्तान अपना
प्रचंड रूप दिखायेंगे।।

12
Priyanshi Bhatt

Priyanshi Bhatt

प्रेरणादायक उद्धरणों को लिखने वाली लेखिका
"प्रियांशी भट्ट" उत्तराखंड
" हल्द्वानी" नैनीताल की निवासी हैं।
इनकी विद्यालय की शिक्षा उत्तर प्रदेश के जिला मुरादाबाद से सम्पन्न हुई है।

अब यह उत्तराखंड मुक्त विश्वविद्यालय कला वर्ग से स्नातक प्रथम वर्ष की शिक्षा प्राप्त कर रही हैं।

☙

गणतंत्र की उपयोगिता

भारत में गणतंत्र दिवस मनाया जाने का कारण यह है कि इस दिन देश में संविधान का पालन किया जाना आवश्यक हो गया था।

मानव जीवन में हर कार्य की कोई ना कोई एक सुनिश्चित विधि होती है कि किस प्रकार किसी कार्य को किया जाना चाहिए।

बिना विधि के कोई भी कार्य ना तो कार्यान्वित होता है और ना ही उस कार्य में कोई विशेषता होती है।

इसी प्रकार केवल सामाजिक रूप से हम गणतंत्र को ना स्वीकार करें अपितु जीवन में विधि को स्वीकार करें अपने व्यक्तिगत जीवन में हम स्वच्छंद ना होकर गणतंत्र के साथ स्वतंत्र रहें यही गणतंत्र दिवस को मनाने कि एक सार्थक विधि है।

13
Shweta Vishwakarma

Shweta Vishwakarma

Hey... My name is Shweta Vishwakarma. I live in Bhopal. I am a college student. My hobbies are writing, dancing, cooking, traveling, and playing badminton. I believe that it is easier to tell something by writing than by speaking it.. and I always express my words by writing.

৵৹

गणतंत्र दिवस

आज आ गया स्वतंत्रता दिवस,
तिरंगा हम फहराएंगे,
जो मिली हमें आज़ादी अपनी,
उसे न कभी खोने देंगे|
जो ठाने थे वीर शहीदों ने,
आज़ादी की उड़ान लंबी भरेंगे,
उनकी इस बड़ी कुर्बानी को,
हम कभी व्यर्थ न होने देंगे|
छल से अंग्रेज़ों ने हम पर,
पीठ पीछे वार किये,
पर हमने अपना गौरव पाकर,
उन्हें मुंह तोड़ जवाब दिए|
गर्व हमें है भारत पर अपने,
इसका गौरव ना खोने देंगे,
जो इज्ज़त कमायी हमारे भारत ने,
उसकी बेज्ज़ती ना होने देंगे|
गूंज उठी है चारों दिशा,
वीरों के यशगान से,
हमें मिली आज़ादी है,
उनके इस बलिदान से|
अपनी भारत माता के लिए,
हम जान निछावर कर देंगे,
जो शीश किसी के सामने झुका नहीं,
उसे कभी न झुकने देंगे|
आज आ गया स्वतंत्रता दिवस,

तिरंगा हम फहराएंगे,
जो मिली हमें आज़ादी अपनी,
उसको न कभी खोने देंगे|

14
Sweta Duhan Deshwal

Sweta Duhan Deshwal

गणतंत्र दिवस

गणतंत्र दिवस के शुभ अवसर पर एक गीत तुम्हें सुनाते हैं,
बलिदान हुए जो राष्ट्र भक्त वीर गाथा उनकी गाते हैं।
गणतंत्र दिवस.....
खेली जिन वीरों ने खून की होली दर्द उनका बताते हैं,
कर शत् शत् नमन वीरों को हम नतमस्तक हो जाते हैं।
गणतंत्र दिवस.....
खोए माँ ने लाल कई माँ की पीड़ा तुम्हें सुनाते हैं
जलकर बुझ गए जो दीप उनको अमर बताते हैं।
गणतंत्र दिवस.....
आजादी के परवानों की अद्भुत गाथा हम गाते हैं
जो मिल मातृभूमि के कण कण में बन फूल बिखर जाते हैं।
गणतंत्र दिवस.....
लहर लहर लहराता रहे तिरंगा बस एक अरमान सजाते हैं
देश की खातिर चरणों में माँ के प्राणों की आहुति चढ़ाते हैं।
गणतंत्र दिवस.....
महका रहे फूलों से चमन अपना स्वप्न देखा करते हैं
न झुका सिर कभी न झुकने देगें यह विश्वास दिलाते हैं।
गणतंत्र दिवस.....
श्वेता दूहन देशवाल
मुरादाबाद उत्तर प्रदेश

৩৩

वीर शहीदों की कुर्बानी

ना भुला पाएंगे कभी वीर जवानो की कुर्बानी
चुनकर काँटो भरी राह दे दी हमको आजादी
एक एक कतरा बहा लहू उफ न मुहँ से निकली थी
अपने लहूँ से सींचा माँ को मौत गले लगा ली थी
मर मिटे जो शहीद देश पर उनको सलाम हम करते हैं

भर आँखों में सैलाब अश्रु का उनको सलाम हम करते हैं
न भुला.....
हर रिश्ता हर नाता भुला कफन सिर पर बाँधा था
बन आजादी के परवाने स्वप्न आजादी का देखा था
न कोई होली थी उनकी न कोई दीवाली बनी
देकर प्राणों की आहुति बस एक अमर कहानी बनी
न भुला.....
जब तक सूरज चाँद रहेगा अमर रहेगी कुर्बानी
गंगा के पावन पानी सी पार्थिव की अमर कहानी
लहर लहर लहराकर तिरंगा वीरों की गाथा गाता है
सुन शहादत की कहानी आँखो में पानी भर आता है
ना भुला......
श्वेता दूहन देशवाल

ॐ

कशिश देश प्रेम की

थी कशिश देश प्रेम की जो भारत डोला था
पहन बंसती चोला हर कोई आजादी की जंग में मचला था
कशिश उठी थी दिल में तभी तो रंग मिट्टी का चढ़ बोला था
मिल मिट्टी के कण कण में बन फूल हर कोई बिखरा था
कशिश थी लहराए तिरंगा संविधान को हम अंगीकार करें
बने गणतंत्र भारत अपना हम भी गणतंत्रता स्वीकार करें
खोए माँ ने लाल कई दी वीरों ने कुर्बानी
कशिश दिल में देश प्रेम की हर दिन बढ़ती रही
सुखदेव राजगुरु भगतसिंह ने हँसकर फाँसी को चूमा था
तुम मुझे खून दो मैं तुम्हें आजादी दूँगा का नारा गूँजा था
कशिश आजादी की थी दिल में देश प्रेम सिर चढ़ बोला था
सत्य अंहिसा का पथ अपनाकर बापू संग भारत डोला था
आजादी की कशिश ने गुलामी की जंजीरे तोड़ी थी
बना संविधान भारत का बाबा संग भारत सारा बोला था

गणतंत्र हुए हम गणतंत्र हुए का हुंकारा गूँजा था
शत शत नमन उन वीरों को गणतंत्र दिवस पर उनको याद किया
श्वेता दूहन देशवाल
मुरादाबाद उत्तर प्रदेश

गणतंत्र हुए हम गणतंत्र हुए का हुंकारा गूँजा था
शत शत नमन उन वीरों को गणतंत्र दिवस पर उनको याद किया
श्वेता दूहन देशवाल
मुरादाबाद उत्तर प्रदेश

15
Anushka Goyal

Anushka Goyal

This is Anushka Goyal from Dholpur Rajasthan. Born on 30 Oct 2000 She has completed her graduation in microbiology. Freely minded girl and also loves to study. she loves to write poems, quotes, etc. She wants to make her name in this world. Her pen name is Annupali. she has a big Dream. She loves to make Happy everyone... He has worked as Co-author in many anthologies. Also, she compiled her anthology. Her mother is inspired to her Now she is pursuing MSc (microbiology) from Jaipur, Rajasthan. she is doing her best in the writing field. Instagram:- Annupali

देश वैभव

अपने देश वैभव का में क्या गुणगान करू

कहो कैसे देश कर्ज और फ़र्ज़ शहीदो का अदा करू

उस लहराते तिरंगे का क्या बखान करू

मर मिठे सब इसके लिए

उन शहीदों को दिल से सलाम करू।

जगत गुरु है हमारा देश

विविधता में एकता है इसका वेश

निर्मल मातृभूमि माँ भारती को प्रणाम करूँ

मर मिटे सब इस भूमि के लिये

उन शहीदों को दिल से सलाम करूँ

मौका है गणतंत्र का, लोकतंत्र को मजबूत बनाएंगे

महामारी को दूर भगाके भारत का सर ऊंचा करवाएंगे

इस ममता मयी भूमि का जग में बखान करूँ

मर मिटे सब इसके लिए

इन शहीदों को दिल से सलाम करू

---------आखिरी में,

हम ले शपथ देश प्रगति में सहायक बनेगे ।

मातृ पिता का नाम रोशन कर राष्ट्र नायक बनेगे ।।

16
Srija Sadhukhan

Srija Sadhukhan

Srija Sadhukhan is studying BSc Biotechnology at Amity University Kolkata. Love to write poetry and a book worm too.

Tribute to Brave Soldiers

Spark in eyes and joy in the heart
Stood there with blue, white, and green
Uniform of men with a rifle in the arm.
The real happiness is to see the soldiers
At the country's border to win
Started with serving the nation
By sacrificing their life for us to live
Worked for self and worked in a team
Having brave heart all through their life
Struggling all day and night
Left their own family to protect millions of families
Get shot by bullets to protect us
And surviving in all conditions.
So that we can sleep peacefully at night
Owing to their life for the nation
Salute to all beloved soldiers
For their constant sacrifices in their lives.

17
Fathia Olarewaju

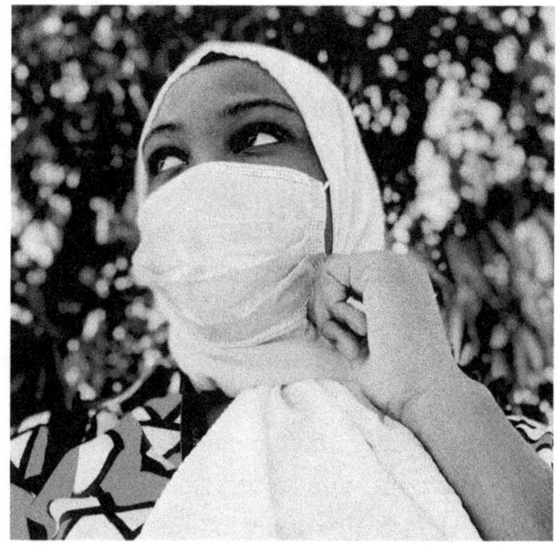

Fathia Olarewaju

Fathia is a Nigerian! She's a teen of 17 and dreaming above the universe. Faa is the muse of modern poetry, goddess of words and literature passionate. She's an author, book reviewer, avid writer, content writer, and co-author of 100+ books. She has compiled a few anthologies from the different Indian publishing houses. Obviously, poetry is her 3rd eye.

❧

BATTLES OF YORE

Empower me to flaunt the conquerors and the exemplars today
and after,
The foregone citizens, wholly that succored the triumph for
India,
Whose persistences and valiants was for their birthplace,
Those publicized strives they lived through for the fortune of
the nation,
And the stumbled blocks they crossed to procured the
humanity,
Blood flooded like a river in wars and oppositions were
multifarious,
Myriads of individuals offered their lives for India to gleamed,
Exceedingly, it glitters in this day and age.
Tribute to Mahatma Gandhi, the father of the nation till the
continued existence,
Who made an effort till the end of his living,
Rani Lakshmibai, she was dauntless bravery, she laid down her
life,
Undoubtedly, in absence of repentance,
Bhagat Singh, the commemorated iconic freedom combatant,
His eminence was dignitary,
Subhash Chandra Bose, the stout-hearted man with valorous
deeds and motto,
Him and his intelligence served the country candidly.
Oh! Indians, we are bound to call out these names and more,
Appeal for their presences as we march for the parade at
Rajpath New Delhi,
Gratifyingly, tune up the national anthem with our
prepossessing poses,
Then behold the soaring flag we all rises for,

With a genial natural wind that blows in decency on the dot,
And let's display and acclaim our customs heartening,
Since 1950, here we are once more to honor the 73rd Republic
Day in the land of the living,
Nation first, always first!

18
Shruti Sangal

Shruti Sangal

She has completed her post-graduation from Gurukul kangri
university * (Haridwar).
She likes to pen down her thoughts.

ॐ

26 जनवरी आया है,
देश के वीर सेनानियो की याद दिलाता है!
आज सलाम है उन वीरो को,
जिनके कारण यह दिन आता है!
ऐ माँ तुझे सलाम है,
सलामत रहे यह तिरंगा हमारा,
जो इस देश की शान है!
इसी से हमारी पहचान हैं,
आबाद रहे देश हमारा,
यहीं हमारा लक्ष्य हैं,
दिन रात तरक्की करे,
यहीं हमारा उद्देश्य हैं।

19
Surender Singh

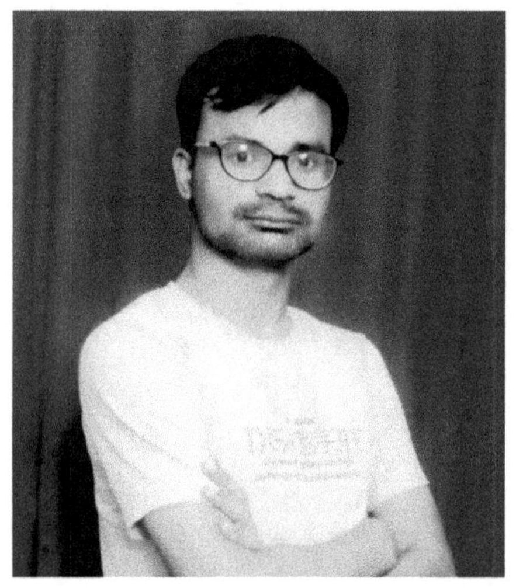

Surender Singh

इनका नाम सुरेन्द्र सिंह है। ये उत्तर प्रदेश के बरेली जिले के निवासी हैं। इन्हें बच्चों को पढ़ाना बहुत पसंद है। इन्हें हस्तचित्रण का बहुत शौक है। इन्होंने सिविल इंजिनियरिंग से डिप्लोमा किया है। ये कहते हैं कि लेखन इनका पेशा नहीं है, लॉकडाउन में इन्हें लिखने की रुचि हुई और कुछ महत्वपूर्ण विषयों पर अपनी रचनाएं लिखीं। इन्होंने श्रृंगार रस, वीर रस, करूणा रस, वात्सल्य रस इत्यादि रसों से परिपूर्ण रचनाएं लिखीं हैं और बहुत सी किताबों में सह लेखक हैं। इनका नाम

सुरेन्द्र सिंह है। ये उत्तर प्रदेश के बरेली जिले के निवासी हैं। इन्हें बच्चों को पढ़ाना बहुत पसंद है। इन्हें हस्तचित्रण का बहुत शौक है। इन्होंने सिविल इंजिनियरिंग से डिप्लोमा किया है। ये कहते हैं कि लेखन इनका पेशा नहीं है, लॉकडाउन में इन्हें लिखने की रुचि हुई और कुछ महत्वपूर्ण विषयों पर अपनी रचनाएं लिखीं। इन्होंने श्रृंगार रस,वीर रस, करूणा रस, वात्सल्य रस इत्यादि रसों से परिपूर्ण रचनाएं लिखीं हैं और बहुत सी किताबों में सह लेखक हैं।

❧

हमारे देश को आज़ादी दिलाने के लिए देश के बच्चों, बुजुर्गों और महिलाओं ने समय समय पर अपने प्राणों की आहुति दी है और आगे भी देते रहेंगे। हमारा देश आज़ाद हो चुका है और आज भी बॉर्डर पर भारतीय जवान देश के लिए मर मिटने को तत्पर हैं। मैं कारगिल युद्ध के नायक विक्रम बत्रा के लिए चार लाइनें कहना चाहूंगा।

जब सैनिकों ने विक्रम परिचय दिया था,

जब बत्रा ने ये दिल मांगे मोर कहा था,

जब कारगिल को अपने लहू से सींचा था,

तब 26 जुलाई विजय दिवस कहलाया था।

एक सैनिक अपने माता पिता, परिवार जनों का त्याग कर बॉर्डर पर जाता है।

इसलिए ही हम सैनिकों के साथ उनके परिवार जनों को भी शीश झुकाते हैं।

मैं सैनिकों के परिवार जनों के लिए 4 लाइनें कहना चाहूंगा।

चाहे न जाना मन्दिर, न जाना मस्जिद,

चाहे न जाना गुरुद्वारा, न जाना गिरिजाघर,

चाहे न जाना काबा, न जाना चारोंधाम,

गर जाना किसी सैनिक के घर...|2|

तो झुककर करना एक प्रणाम।

मैं अब नीरज चोपड़ा जी के लिए चार लाइनें कहना चाहूंगा जिन्होंने ओलंपिक के इतिहास में भारत को पहला स्वर्ण पदक दिलाया।

तू है राणा का वंशज

भाला फेंक साबित कर दिया,

जापान की धरती पर

झंडा भारत का लहरा दिया,

देकर गोल्ड देश को

बुलंदी पर पहुंचा दिया,
फेंक भाला उम्मीदों का
तमगा सोने का दिला दिया।।

20
डॉ अर्चना श्रेया बैंगलोर

डॉ अर्चना श्रेया बैंगलोर

डॉ. अर्चना श्रेया श्रीवास्तव प्राकृतिक चिकित्सक, समीक्षक, लेखक, गीतकार, कहानीकार, विभिन्न संस्थाओं में लगभग 10 में अध्यक्ष पद पर आसीन रहकर

साहित्यिक, धार्मिक, सामाजिक, सांस्कृतिक गतिविधियों का सफल आयोजन, अनगिनत पुरस्कार व अवार्ड विजेता, एक्सीलेंट लेडी 2001, समन्वय रत्न, ऋतंभरा सर्वश्रेष्ठ रचनाकार सम्मान प्रमुख है। विभिन्न समाचार दैनिक भास्कर से लेकर पत्रिका तक साहित्यिक व धार्मिक पत्रिका मे लेखन। सर्वश्रेष्ठ सम्पादिका पुरस्कार प्राप्त। वर्तमान में अनेक साहित्यिक, धार्मिक एवं सामाजिक संस्थाओं से जुड़कर कार्य कर रहे हैं। राष्ट्रीय श्रेया क्लब, श्रेष्ठ क्लब, भगवद्गीता परिवार की संथापिका, राष्ट्रीय व अन्तरराष्ट्रीय स्तर के पटल पर काव्यपाठ एवं अनगिनत सम्मान पत्र प्राप्त।

स्पष्ट एवं सकारात्मक लेखन से कुरीति उन्मूलन व पर्यावरण प्रेमी। साथ ही गायत्री परिवार में भी सहभागिता निभा रहे हैं।

❧

मेरा गणतंत्र दिवस

ये देश है , हमारा ये देश है हमारा ..

.. सारे जग से न्यारा ये जग से हमको प्यारा ..

हमको प्राणों से प्यारा ये देश है , हमारा ..

ये देश है हमारा ये देश है , हमारा ॥

ये मंदिर मस्जिद गुरुद्वारे ये सब ही है हमारे ..

हिंदू मुस्लिम सिख ईसाई आपस में है ,भाई ..

सबने ही मिल कर लड़ी अंग्रेजो से लड़ाई ..

तब लहराया तिरंगा तब ही आजादी आई ..

सब ही तो है ,दुलारे माँ भारती के प्यारे ॥

आया त्यौहार हमारा , हमारा , . . हमारा

26 जनवरी का नजारा देखे जग सारा ..

लाल किले पर देखो तिरंगा क्या फहराता ..

26 जनवरी की परेड में शौर्य बल दिखाता ..

सारे हिंदुस्तान की ये झांकी भारत भाग्य विधाता ॥

क्या इसका हंसी नजारा वो गंगा का किनारा ..

वो देखो हर की पौड़ी वो काशी विश्वनाथ प्यारा ..

क्या संगम का नजारा , ये देश है , हमारा ..

ये देश है , हमारा ये देश है हमारा ॥
डॉ अर्चना श्रेया बैंगलोर

ये देश है , हमारा ये देश है हमारा ॥
डॉ अर्चना श्रेया बैंगलोर

21

निर्दोष जैन लक्ष्य

निर्दोष जैन लक्ष्य

निर्दोष जैन लक्ष्य

अंतरराष्ट्रीय ख्याति प्राप्त कवि

भूतपूर्व बिजनेसमैन

राष्ट्रीय अंतरराष्ट्रीय कवि सम्मेलन में सहभागिता

अनगिनत सम्मान पत्र और अवार्ड

बचपन से कविता लेखन का कार्य
कहानी में विशेष महारत हासिल
विभिन्न पत्र-पत्रिकाओं में आपकी रचना अनवरत छपती रहती है।
जैन मंचों के संस्थापक
अनेक संस्था में महत्वपूर्ण सहभागिता।
ओजवान उत्साह और ऊर्जा से भरे हुए नव रसो में आपकी लेखनी चलती है।
लगभग 2000 कहानियां और कविता के रचयिता।
सादगी और सरलता
आपकी व्यक्तित्व की खास पहचान है।
निर्दोष जैन लक्ष्य

❧

लालकिला बच्चें की अभिलाषा
सुन लो मम्मी सुन लो पापा ,
अपना ये अरमान है
नेहरू गाँधी सा पापा
बनना मुझे महान है ॥
देश पे जान लूटा ऊँगा ,
देश की शान बढ़ा ऊँगा
बड़ा होकर लाल किले पर
में तिरंगा फहराऊँगा ॥
आजाद भगत सा वीर बनूँगा ,
सुभाष की ललकार बनूँगा
शास्त्री को दिल में बसा कर,
अपने अरमा पूरे करूँगा
बड़ा होकर लाल किले पर
में तिरंगा फहराऊँगा ॥
देश की शान बढ़ाऊँगा में ,
देश पे जान लूटाऊँगा
पढ़ लिख करे में भी पापा ,
अंबेडकर सा बन जाऊँगा
बड़ा होकर लाल किले पर ,

में तिरंगा फहराऊँगा ॥
सुनलो अंकल आंटी तुम भी ,
सबका मान बढ़ाऊँगा
बड़ा होकर लाल किले पर
में तिरंगा फहराऊँगा ॥
गुरुजन तुम्हारे चरणों की क़सम ,
कुछ ऐसा काम करे जाऊँगा
स्कूल ओर गांव का नाम ,
इतिहास में लिखवाऊँगा
बड़ा होकर लाल किले पर
में तिरंगा फहराऊँगा ॥
तेन सींग सा दौड़ कर पापा ,
हिमालय पर चढ़ जाऊँगा
एवरेस्ट पर तिरंगा फहरा ,
भारत की शान बढ़ाऊँगा ॥
सुनलो दादा दादी तुम भी ,
ऐसा कमाल कर जाऊँगा ,
बड़ा होकर दादा में भी ,
अब्दुल कलाम सा बन जाऊँगा
बड़ा होकर लाल किले पर
में तिरंगा फहराऊँगा
सुनलो पापा ममी तुम भी
देश का गौरव बन जाऊँगा
तिरंगे से लिपट कर पापा
... .. गाँव में जब आऊँगा
निर्दोष लक्ष्य जैन
'' '' धनबाद

www.ingramcontent.com/pod-product-compliance
Lightning Source LLC
Chambersburg PA
CBHW052129150726

48002CB00006B/2536